Kerzen aus Verzierwachs

Kirchliche Motive

Irmgard Hurtz

Kerzen aus Verzierwachs

Kirchliche Motive

ENGLISCH VERLAG

Die Deutsche Bibliothek – CIP-Einheitsaufnahme
Kerzen aus Verzierwachs: kirchliche Motive / Irmgard Hurtz. – Wiesbaden: Englisch, 2000
ISBN 3-8241-0930-1

ISBN 3-8241-0930-1

Fotos: Frank Schuppelius
Herstellung: Michael Feuerer
Printed in Spain

Inhaltsverzeichnis

JHS

Vorwort

Kerzen begleiten unser ganzes Leben, und besonders im christlichen Bereich spielen sie eine große Rolle. Christliche Feste, wie Taufe, Kommunion, Konfirmation, Firmung und Hochzeit, sind nicht denkbar ohne Kerzen und ihr Licht. In diesem Buch finden Sie eine Fülle von Anregungen, mit denen Sie zu diesen Festen schöne Kerzen gestalten können. Eine ganze Reihe von christlichen Symbolen kann hierbei verwendet werden, wie z. B. Taube und Wasser für die Taufe, Kelch, Trauben und Ähren zur Kommunion und zwei verschlungene Ringe für die Hochzeit.

Ganz besondere Freude macht mir das Verzieren von Osterkerzen. Die Osterkerze ist in der Kirche ein altes Symbol für Christus, der sich ja selbst als das Licht der Welt bezeichnet hat. Verschiedene Zeichen schmücken die Osterkerze: das Kreuz als Zeichen für Christus, Alpha und Omega, der erste und der letzte Buchstabe des griechischen Alphabets, zeigen an, dass nach christlichem Verständnis Jesus Christus Anfang und Ende ist. Fünf Wachsnägel erinnern an die fünf Wundmale Christi. Die Jahreszahl, die die Kerze ziert, sagt aus, dass jedes Jahr unter dem besonderen Schutz Gottes steht.

Ich wünsche Ihnen viel Freude beim Verzieren von Kerzen mit christlichen Motiven.

Irmgard Hurtz

Material und Werkzeug

Als Grundlage für meine Modelle dienen unifarbene Kerzen in verschiedenen Größen und Durchmessern. Die Kerzen müssen nicht immer teuer sein, sie werden ja durch die Verzierung etwas Besonderes. Außerdem werden folgende Materialien verwendet:

- Altarkerzen für religiöse Motive. Sie sind aus 10 % Bienenwachs und etwas teurer, aber ihre Brennqualität ist hervorragend. Die fertig verzierten Kerzen sehen besonders edel aus.
- Verzierwachsplatten (Wachsfolien) gibt es in vielen Farben. Sogar Platten mit Blütenmotiven, bunt gemustert oder irisierend sind im Handel erhältlich.
- Zierwachsstreifen in Gold- und Silberfarben können in jeder Breite, glatt oder mit Perlmuster, rund oder abgeflacht erworben werden.
- Rubbelbuchstaben oder eine Schreibfolie eignen sich zum Beschriften von Kerzen beziehungsweise von Wachsfolien. Beides bekommt man im Fachhandel.
- Schriftschablone, um Buchstaben und Zahlen auszuschneiden.
- Klebewachs, um plastische Motive mit der Kerze zu verbinden.

Folgendes Werkzeug wird grundsätzlich beim Verzieren von Kerzen benutzt:

- Kunststoff-Tischset als Arbeitsunterlage
- Stopfnadel zum Ausschneiden der Motive
- Küchenmesser
- Lineal, 30 cm lang
- Schrift- und Motivschablonen
- Bleistift, Schere
- dünne Pappe
- Transparentpapier zum Durchpausen
- Schaschlikspieß und Zahnstocher
- Frottierhandtuch
- Wachslack
- weicher Pinsel
- Brennspiritus zur Pinselreinigung
- Tisch- oder Stehleuchte mit einer Glühlampe von 100 Watt

Tipps und Hinweise

Kerzen und Verzierwachs sollten Sie vor der Verarbeitung einige Tage bei Zimmertemperatur lagern. Ist das Material zu kalt, haften die Motive nicht auf der Kerze.

Das Verzierwachs haftet allein durch die Handwärme auf der Kerze. Drücken Sie es mit dem Handballen oder Daumen vorsichtig an.

Bevor Sie beginnen, sollten Sie Ihre Hände gut säubern und nicht eincremen, denn dies würde eine gute Haftung des Verzierwachses auf der Kerze verhindern. Die Wachsfolienstärke beträgt 0,5 bis knapp 1 mm. Sollte eine größere Stärke benötigt werden, kann die Folie doppelt oder dreifach gelegt werden. Fertigen Sie sich Schablonen an, mit denen Sie problemlos und schnell jede Kerze auch mehrmals herstellen können. Zu diesem Zweck legen Sie Transparentpapier auf den Vorlagebogen und zeichnen die Konturen mit einem weichen Bleistift nach. Legen Sie das Transparentpapier mit Ihrer Bleistiftzeichnung auf Pappe, und umfahren Sie die Konturen von der Rückseite, feine Bleistiftlinien übertragen

sich so auf die Pappe, und Sie können die Schablone ausschneiden. Die Kerzen können Sie je nach Motiv entweder nur auf der Vorderseite verzieren oder das Motiv rundum auf der Kerze anbringen. Sorgen Sie für gutes Licht an Ihrem Arbeitsplatz. Eine Schreibtisch- oder Stehlampe mit einer starken Glühlampe dient als zusätzliche Wärmequelle.

Legen Sie die Kerze während der Arbeit auf ein zusammengefaltetes Handtuch. So rollt sie Ihnen beim Verzieren nicht weg. Außerdem wird das Motiv nicht so leicht zerdrückt, wenn Sie die Kerze rundum gestalten wollen. Reinigen Sie zwischendurch immer wieder Nadel, Lineal und Arbeitsunterlage. Nur so können Sie sauber arbeiten. Drücken Sie die Motive zunächst nur leicht auf der Kerze an, und betrachten Sie Ihr Werk hin und wieder aus der Entfernung. So können Sie feststellen, ob die Abstände stimmen und ob das Motiv „ein Bild“ ergibt. Jetzt können Sie noch Korrekturen vornehmen. Besonders größere Motive sollten Sie immer von der Mitte nach außen andrücken, da sich sonst Luftblasen unter der Wachsfolie bilden. Ist die Kerze verziert, lackieren Sie das Motiv mit Wachslack. Damit wird Ihre Kerze vor Staub und Vergilben geschützt. Die Motive erhalten durch Lack ihren Glanz und sehen wunderschön aus. Um Ihre Pinsel zu erhalten, sollten Sie nach jedem Lackieren die Reinigung mit Spiritus nicht vergessen.

Die Technik

Reiben Sie die Kerze zuerst mit einem Handtuch kräftig ab. So wird die Kerze staubfrei und sauber, und die Motive haften besser. Wenn Sie zum ersten Mal Kerzen verzieren, ist es sinnvoll, sich von allen Teilen des Motivs eine Schablone anzufertigen. Nach einiger Zeit werden Sie feststellen, dass Sie Blätter, Blütenblätter und andere Motive nach Augenmaß frei aus der Hand ausschneiden können. Für das Ausschneiden der Motive legen Sie die angefertigten Schablonen auf die Wachsfolie und umfahren diese unter leichtem Druck mit der Stopfnadel. Nun können Sie das ausgeschnittene Motiv vorsichtig vom Trägerpapier abheben und auf die Kerze drücken. Wollen Sie eine Kerze nur ein einziges Mal gestalten, so übertragen Sie das Motiv vom Vorlagebogen auf Transparentpapier. Dieses legen Sie auf die Wachsfolie und fahren die Konturen mit einem Bleistift nach. Dabei drückt sich das Motiv als Kontur in das Wachs ein. Entfernen Sie das Transparentpapier, und schneiden Sie das Motiv mit der Nadel entlang den Konturen aus.

Benötigen Sie breite oder schmale Wachsstreifen (z. B. für Borten oder zum Formen von Buchstaben), so schneiden Sie diese mit Hilfe des Lineals von der Wachsfolie ab. Für feine Linien und Konturen können Sie etwas Wachs mit den Fingern auf der Arbeitsunterlage dünn ausrollen. Sehr schön sieht es aus, wenn Sie eine Borte mit gold- oder silberfarbenen Zierwachsstreifen oder mit Perlmuster einfassen. Sie können aber auch selbst eine Borte herstellen, indem Sie aus drei schmalen Wachsstreifen einen „Zopf“ flechten und diesen dann vorsichtig auf die Kerze drücken. Mit der Nadel und mit dem Schaschlikspieß können Sie Blattadern oder sonstige Muster in das Wachs einritzen oder eindrücken. Viele Motive erscheinen dadurch plastischer. Ist das Motiv vollständig, drücken Sie alle Teile vorsichtig mit dem Handballen oder mit dem Daumen an. Zum Abschluss lackieren Sie das Motiv mit Wachslack und einem weichen Pinsel. Jede Kerze ist ein Unikat. Da die Motive, vor allem Blüten und Blätter, mit jedem Zuschnitt ein wenig anders ausfallen, sind solche Motive auf dem Vorlagebogen nur im Ansatz dargestellt. Sie werden dann anhand der Abbildung je nach Wunsch ergänzt.

Kleine Kerzenkunde

Die meisten Kerzen werden aus Paraffin (einem Erdölnebenprodukt) hergestellt. Es gibt auch Kerzen aus Stearin, also aus tierischen und pflanzlichen Ölen beziehungsweise Fetten. Diese Kerzen rußen weniger als die aus Paraffin. Eine dritte Möglichkeit ist die Herstellung von Kerzen aus Bienenwachs. Nur Kerzen, die aus Bienenwachs ohne jede Beimischung bestehen, dürfen als Bienenwachskerzen bezeichnet werden. Daneben gibt es sogenannte „Kompositionskerzen", die aus einer Mischung verschiedener Wachse hergestellt werden. Das genaue Mischungsverhältnis bleibt natürlich immer das Geheimnis des Wachsziehermeisters.

Eine gute Kerze bildet beim Brennen eine gleichmäßige und verhältnismäßig trockene Schüssel. Damit das so bleibt, muss der Docht vor dem ersten Anzünden aufgerichtet werden, und es dürfen keine Streichholzreste in der Brennschüssel zurückbleiben. Außerdem sollte man darauf achten, dass die Kerze nicht im Durchzug steht. Für die Brennqualität ist die Qualität des Dochtes wichtig. Der Docht wird in der Regel aus Baumwolle geflochten. Er muss ausreichend saugfähig und für den jeweiligen Kerzenrohstoff geeignet sein. Ein zu kleiner Docht saugt zu wenig Wachs. In der Brennschüssel bleibt dann zu viel Flüssigkeit stehen, was zur Folge hat, dass die Flamme ertrinkt. Umgekehrt bewirkt ein zu dicker Docht, dass die Flamme zu groß wird und wegen der unvollständigen Verbrennung zu rußen beginnt. Beim Verbrennen sollte der Docht 10–12 mm lang sein.

Kerzen werden gepresst, gezogen oder auch gegossen und getaucht. Färben geschieht zumeist durch Eintauchen in farbiges Wachs. Nur Kerzen mit einem Durchmesser bis 21 mm können durchgefärbt werden, denn je mehr Farbstoff im Wachs ist, desto schlechter ist die Brennqualität.

Kerzen zur Firmung

1. Sonnenmotiv

Material

- Kerze, 7 cm ∅, 22 cm hoch
- Verzierwachs in Hellrot, Gold und Weiß

Anleitung

Die rote Sonne drücken Sie ca. 10 cm vom unteren Kerzenrand entfernt auf. Für die Strahlen schneiden Sie schmale Streifen von der goldenen Wachsplatte. Die Taube schneiden Sie aus doppelt gelegtem weißem Wachs aus. Dann drücken Sie die Taube auf die Kerze. Wenn Sie möchten, können Sie mit der Nadel Konturen einritzen. Die Schrift formen Sie ebenfalls aus schmalen goldenen Wachsstreifen. Die untere rote Borte ist ca. 1 cm breit. Mit der Nadel können Sie ein Muster einritzen. Fassen Sie die Borte mit schmalen goldenen Wachsstreifen ein.

2. Taube

Material

- Kerze, 6 cm ∅, 25 cm hoch
- Verzierwachs in Altrot, Weiß, Schwarz und Antikgold

Anleitung

Bilden Sie das Kreuz mit einem 6 mm breiten roten Wachsstreifen, über den Sie einen 3 mm breiten antikgoldenen Streifen legen. Schneiden Sie die Taube aus der doppelt gelegten weißen Wachsplatte aus, und ritzen Sie mit der Nadel die Federn ein. Winzige schwarze Wachskügelchen bilden die Augen, und ein winziges rotes Wachskügelchen bildet den Schnabel.

Den Heiligenschein legen Sie mit einem schmalen antikgoldenen Wachsstreifen. Die Feuerzungen schneiden Sie aus der roten Wachsplatte aus und kerben diese mit der Nadel ein.

3. Weinstock

Material

- Kerze, 8 cm Ø, 30 cm hoch
- Verzierwachs in Mittelbraun, Laubgrün, Gold und Enzianblau

Anleitung

Bilden Sie das Kreuz mit einem 8 mm breiten braunen Wachsstreifen, über den Sie einen 3 mm breiten goldfarbenen Wachsstreifen legen. Für die Weinrebe rollen Sie grünes Wachs so aus, dass es unten dicker ist und nach oben hin immer dünner wird. Die Stiele und Ranken bilden Sie mit ganz fein ausgerolltem Wachs. Auf den Blättern aus doppelt gelegtem grünem Wachs ritzen Sie mit der Nadel die Blattadern ein. Rollen Sie blaue Wachskugeln von ca. 5 mm Ø, und setzen Sie diese auf der Kerze als Traube zusammen. Die Schrift bilden Sie mit einem schmalen braunen Wachsstreifen.

4. Weintraube

Material
- Kerze, 4 cm ∅, 40 cm hoch
- Verzierwachs in Gold, Weiß, Lavendel und Grün,
- Perlwachsstreifen in Gold (2 mm ∅)
- Rundstreifen in Gold, 3 mm ∅

Anleitung
Verzieren Sie den Kelch mit dem Perlwachsstreifen (2 mm ∅), und drücken Sie ihn 18 cm vom unteren Kerzenrand entfernt auf die Kerze. Wenn Sie mit der Nadel zusätzlich Muster einritzen, sieht der Kelch noch edler aus. Fügen Sie oben die Hostie aus einem goldfarbenen und einem weißen Kreis an. Anschließend wird das Christus-Symbol fixiert. Mit einem Rundstreifen in Gold (3 mm ∅) bilden Sie das Kreuz. Rollen Sie viele kleine Wachskügelchen aus lavendelfarbenem Wachs, und drücken Sie diese in Form einer Traube auf die Kerze. Fügen Sie Stiel und Blatt aus grünem Wachs an. Die Zahlen und Buchstaben können Sie mit einer Schriftschablone ausschneiden, oder Sie formen sie mit schmalen Wachsstreifen. Die Borte bilden Sie aus einem schmalen lavendelfarbenen Wachsstreifen und zwei 5 mm breiten goldfarbenen Wachsstreifen. Mit der Nadel können Sie ein Muster einritzen.

5. Pax-Christi-Symbole

Material

- Kerzen, 6 cm Ø, 18 cm hoch
- Verzierwachs in Braun und Gold
- Plaka-Farbe in Gold

Anleitung

Diese beiden Kerzen mit Motiven zur Kommunion habe ich zueinander passend verziert, aber sie sind auch einzeln oder in einer anderen Farbe gestaltet sehr dekorativ.
Für die untere Borte schneiden Sie einen 1 cm breiten Streifen von der braunen Wachsplatte ab. Ritzen Sie mit der Nadel ein Muster ein, und verstreichen Sie mit dem Finger etwas Plaka-Farbe darauf. Drücken Sie den braunen Wachsstreifen ca. 1 cm vom unteren Kerzenrand entfernt auf die Kerze auf, und fassen Sie ihn mit zwei schmalen goldenen Wachsstreifen ein.
Die Schale schneiden Sie aus der doppelt gelegten braunen Wachsplatte aus. Ritzen Sie auch hier ein Muster ein, und verstreichen Sie etwas Plaka-Farbe. Auf Fischen und Hostien aus goldfarbenem Wachs ritzen Sie ebenfalls mit der Nadel die Muster ein. Kreuz und Pax-Christi-Zeichen, Alpha und Omega bilden Sie aus schmalen braunen beziehungsweise goldfarbenen Wachsstreifen.

6. Fische und Brot

Material

- Kerze, 6 cm ∅, 20 cm hoch
- Verzierwachs in Hellrot, Dunkelrot und Gold

Anleitung

Den Brotkorb aus doppelt gelegtem hellroten Wachs drücken Sie 8 cm vom unteren Kerzenrand entfernt auf.

Fixieren Sie feine goldfarbene Streifen auf dem Korb. Brote und Fische schneiden Sie aus doppelt gelegtem goldfarbenem Wachs aus und ritzen mit der Nadel die Konturen ein.

Zum Schluss fügen Sie die vier dunkelroten Balken des Kreuzes an. Auch hier können Sie ein Muster einritzen.

7. Blütenranken

Material

- Kerze, 4 cm ∅, 40 cm hoch
- Kerze, 6 cm ∅, 16 cm hoch
- Verzierwachs in Gold, Weiß und Tannengrün
- Rundstreifen in Gold, 2 mm und 3 mm ∅
- Perlwachsstreifen in Gold, 2 mm ∅

Anleitung

Das Motiv der großen Kommunionkerze sieht auch auf der kleinen Stumpenkerze sehr schön aus. Mit mehreren kleinen Kerzen können Sie die Kommuniontafel festlich gestalten. Schneiden Sie zuerst den Kelch aus der goldfarbenen Wachsplatte aus, und umlegen Sie das Kelchoberteil mit goldfarbenen Rundstreifen und Perlwachsstreifen (je 2 mm ∅). Der Kelchfuß wird ebenfalls mit Rundstreifen verziert. Fügen Sie zuerst die goldene Hostie an, und dann drücken Sie die weiße Hostie mittig darauf. Die Schrift sowie die Strahlen bilden Sie mit einem dünnen Wachsstreifen. Für die Ranke rollen Sie grünes Wachs fein aus. Die weißen Blüten bilden Sie aus jeweils 5 flachgedrückten weißen Wachskügelchen. In die Mitte fügen Sie ein winziges grünes Wachskügelchen. Verteilen Sie die Blüten und die kleinen grünen Blättchen wie auf der Abbildung.

Den Namen auf der großen Kommunionkerze, den Sie aus einer grünen Wachsplatte schneiden, fassen Sie mit goldfarbenem Rundstreifen (3 mm ∅) ein. Achten Sie beim Verzieren der langen Kerze darauf, dass unten ca. 9 cm freibleiben, damit das Motiv beim Tragen der Kerze nicht beschädigt wird.

8. Kreuz

Material

- Kerze, 8 cm ∅, 13 cm hoch
- Verzierwachs in Gold, Türkis, Mais, Hellbraun, Dunkelbraun, Ocker, Weinrot, Laubgrün, Dunkelgrün, Enzianblau und Glänzend-Gold
- Plaka-Farbe in Gold

Anleitung

Drücken Sie zuerst das goldfarbene Kreuz ca. 1 cm vom unteren Kerzenrand entfernt auf, und rauen Sie mit der Nadel die Oberfläche auf. Auf dem türkisfarbenen Fisch ritzen Sie mit der Nadel Auge und Schuppen ein. Mit dem Finger verteilen Sie etwas Plaka-Farbe. Drücken Sie den Fisch auf die Kerze. Den glänzend-goldfarbenen Kelch platzieren Sie mittig auf dem Kreuz. Rollen Sie dunkelbraunes Wachs fein aus, und umranden Sie damit den Kelch. Für den Wein drücken Sie etwas weinrotes Wachs auf. Mit der Nadel können Sie zusätzlich noch Muster einritzen. Das Brot bilden Sie mit hellbraunem und ockerfarbenem Wachs. Für die Ähren rollen Sie maisfarbenes Wachs fein aus und formen damit die Stiele. Für die Körner rollen Sie kleine maisfarbene Wachskügelchen etwas länglich und kerben diese mit der Nadel längs ein. Bereiten Sie ca. 16 Körner vor, und drücken Sie diese in Form einer Ähre auf. Mit kleinen blauen Wachskügelchen bilden Sie die Traube. Auch auf der Traube wird etwas Plaka-Farbe verstrichen. Für die Stiele rollen Sie grünes Wachs fein aus. In die drei grünen Blätter ritzen Sie mit der Nadel die Blattadern ein. Zum Schluss wird das ganze Motiv mit einem schmalen dunkelgrünen Wachsstreifen umrandet.

9. Ähren

Material

- Kerze, 7 cm ∅, 18 cm hoch
- Verzierwachs in Laubgrün, Gold, Weiß, Blau, Mais und Hellbraun

Anleitung

Platzieren Sie den goldenen Kelch ca. 5 cm vom unteren Kerzenrand entfernt. Umranden Sie den oberen Kelchteil mit einem schmalen goldenen Wachsstreifen. Mit der Nadel können Sie ein Muster einritzen. Die Hostie bilden Sie aus einem goldenen und aus einem etwas kleineren weißen Wachskreis. Für die Strahlen und das Christus-Symbol schneiden Sie 1 mm breite Streifen zu. Rollen Sie viele kleine blaue Wachskügelchen, und drücken Sie diese in Form einer Traube auf die Kerze. Auf den laubgrünen Blättern ritzen Sie mit der Nadel die Blattadern ein. Für die Ranken rollen Sie grünes Wachs ganz fein aus. Die Stiele der Ähren rollen Sie aus hellbraunem Wachs. Für die Körner rollen Sie kleine maisfarbene Wachskügelchen etwas länglich und kerben diese mit der Nadel ein. Als Borte können Sie einen 7 mm breiten Wachsstreifen unten auf die Kerze aufdrücken. Darüber legen Sie einen 2 mm breiten goldfarbenen Wachsstreifen. Diesen können Sie nach Wunsch mit der Nadel einkerben.

10. Kelch

Material

- Kerze, 6 cm Ø, 22 cm hoch
- Verzierwachs in Gold, Weiß, Grün und Altrosa

Anleitung

Schneiden Sie zuerst den Kelch aus der goldfarbenen Wachsplatte aus, und drücken Sie ihn 5 cm vom unteren Rand entfernt auf die Kerze. Stiel und Fuß schneiden Sie nochmals aus und drücken diese ebenfalls auf. Das Kelchoberteil wird mit einem schmalen Wachsstreifen umrandet. Ritzen Sie mit der Stopfnadel verschiedene Muster ein, dadurch wirkt der Kelch plastischer. Die Hostie bilden Sie mit einem goldenen Wachskreis (ca. 1 cm Ø), auf den Sie einen etwas kleineren weißen Kreis aufdrücken. Für die Strahlen schneiden Sie mit dem Lineal einen ca. 1 mm breiten Streifen von der goldenen Wachsplatte. Die Blütenranke legen Sie mit einem ganz schmalen grünen Wachsstreifen. Für die Blüten rollen Sie jeweils fünf kleine altrosa Wachskügelchen, die Sie flach drücken und kreisförmig anordnen. In der Mitte fügen Sie ein kleines weißes Wachskügelchen ein. In die Blütenmitten stechen Sie vorsichtig mit der Nadel ein kleines Loch. Bereiten Sie zuerst die Blüten auf der Arbeitsunterlage vor, und ordnen Sie sie dann auf der Ranke an. Fügen Sie kleine grüne Blättchen dazwischen, deren Blattadern Sie mit der Nadel einritzen. Für die Borte schneiden Sie einen ca. 1,3 cm breiten Streifen von der goldenen Wachsfolie ab. Fassen Sie die Borte oben und unten mit einem 3 mm breiten goldenen Wachsstreifen ein. Zum Schluss wird mit der Nadel ein Muster eingeritzt.

11. Sonne

Material

- Kerze, 8 cm ∅, 30 cm hoch
- Verzierwachs in Tannengrün, Enzianblau, Hellblau, Zitronengelb, Gelb und Mittelbraun
- Schriftschablone

Anleitung

Für diese Kerze benötigen Sie einige Arbeitsstunden, aber das Ergebnis entschädigt Sie sicherlich für Ihre Mühe.

Drücken Sie zuerst die hellgelbe Sonne ca. 15 cm vom unteren Kerzenrand entfernt auf, und legen Sie einen hellblauen Wachsstreifen halbkreisförmig darüber.

Für die Ranke rollen Sie dunkelgrünes Wachs fein aus, oder Sie schneiden einen ganz schmalen Streifen von der grünen Wachsplatte. Rollen Sie aus blauem Wachs kleine etwa gleich große Kügelchen, und ordnen Sie diese auf der Kerze in Traubenform an (siehe Abbildung). Fügen Sie grüne Weinblätter und braune Stiele dazwischen. Die Blattadern ritzen Sie mit der Nadel ein.

Als Erdboden drücken Sie einen braunen Wachsstreifen ca. 4 cm vom unteren Kerzenrand entfernt auf. Für die Ähren rollen Sie gelbe Wachskügelchen etwas länglich und kerben diese mit der Nadel ein. Drücken Sie die Körner schräg zum Stiel als Ähre auf. Beginnen Sie mit der mittleren Ähre, und fügen Sie die schmalen Getreideblätter an. Arbeiten Sie dann die rechte und die linke Ähre jeweils etwas kleiner. Zum Schluss schneiden Sie von der zitronengelben Wachsplatte schmale Streifen und platzieren diese als Sonnenstrahlen in der Mitte des Motivs. Die Buchstaben schneiden Sie mit Hilfe einer Schablone zu und drücken den Schriftzug unter dem Motiv auf die Kerze.

ZUR
KONFIRMATION

12. Gebet

Material

- Kerze, 6 cm ∅, 18 cm hoch
- Verzierwachs in Laubgrün, Weiß, Gold, Dunkellila, Helllila und Glänzend-Gold

Anleitung

Die Schleife bilden Sie aus drei ca. 5 mm breiten goldenen Wachsstreifen. Zuerst legen Sie einen Streifen ca. 5 cm vom unteren Rand entfernt um die Kerze. Die restliche Schleife wird erst zum Schluss vorsichtig auf das Sträußchen aufgedrückt. Ordnen Sie die Stiele in Form eines Sträußchens an, und drücken Sie diese fest. Die Blüten bilden Sie aus je 6 kleinen Wachskügelchen, die Sie kreisförmig um ein etwas größeres Wachskügelchen legen. Verteilen Sie jetzt die Blüten an den Stielen, und fügen Sie kleine Blättchen dazwischen. Den Platz für das Buch sparen Sie aus. Mit der Nadel ritzen Sie die Blattadern ein. Das Gebetbuch schneiden Sie aus der doppelt gelegten weißen Wachsfolie aus.

Als Buchrücken schneiden Sie nochmals ein weißes Wachsstreifchen zu. Für den „Goldschnitt" schneiden Sie zwei Streifchen von der glänzendgoldenen Wachsplatte zu.

13. Bibel

Material

- Kerze, 7 cm ∅, 20 cm hoch
- Verzierwachs in Dunkelgrün, Weiß und Gold

Anleitung

Schneiden Sie zuerst die dunkelgrüne Grundplatte mit ungleichmäßig gewelltem Rand aus. Bevor Sie die Grundplatte ca. 1,5 cm vom unteren Kerzenrand entfernt aufdrücken, unterlegen Sie die Ränder mit ca. 1 cm breiten Streifen, die Sie von der goldfarbenen Wachsplatte zuschneiden. In die Grundplatte und in den goldenen Rand können Sie mit der Nadel Muster einritzen. Den Kelch schneiden Sie aus der doppelt gelegten goldfarbenen Wachsplatte aus und ritzen in Ober- und Unterteil verschiedene Muster ein. Die Hostie setzen Sie aus einem goldfarbenen und einem weißen Kreis zusammen. Die Bibel bekommt durch schmale goldene Wachsstreifen den „Goldschnitt“. Stechen Sie mit der Nadel in Hostie und Bibel viele kleine Löcher ein. So wird das Motiv wunderschön plastisch. Die Buchstaben und das Kreuz formen Sie mit einem schmalen goldfarbenen Wachsstreifen.

14. Lebensbäumchen

Material

- Kerze, 4 cm ∅, 40 cm hoch
- Verzierwachs in Antikgold, Laubgrün und Dunkelbraun
- Ringe in Gold, im Fachhandel erhältlich

Anleitung

Bringen Sie das Kreuz, das Sie aus der Antikgold-Wachsfolie zugeschnitten haben, ca. 16 cm vom unteren Rand entfernt auf der Kerze an. Das Gras und die Blätter für die Baumkrone schneiden Sie aus der grünen Wachsplatte aus. Fügen Sie die zwei braunen verschlungenen Baumstämme dazwischen. Die Baumkrone füllen Sie mit kleinen grünen Blättern aus, die Sie kreisförmig von außen nach innen anordnen. Zum Schluss ritzen Sie jedes Blatt mit der Nadel ein. Namen und Ringe bringen Sie wie auf der Abbildung untereinander auf der Kerze an. Über die untere goldfarbene Borte (ca. 1 cm breit) legen Sie einen schmalen grünen Wachsstreifen.

15. Ringe

Material

- Kerze, 5 cm ∅, 30 cm hoch
- Verzierwachs in Tannengrün und Weiß
- Ringe in Gold, im Fachhandel erhältlich
- Rundstreifen in Gold (2 mm ∅)

Anleitung

Das Kreuz bilden Sie mit 5 mm breiten grünen Wachsstreifen. Darüber legen Sie Rundstreifen in Gold (2 mm ∅). Platzieren Sie das Kreuz ca. 5 cm vom oberen Kerzenrand entfernt, und schrägen Sie die Enden ab. Für das Blütenkränzchen rollen Sie grünes Wachs fein aus und drücken es kreisförmig auf die Kerze. Die Blüten bilden Sie aus je 4 flachgedrückten weißen Wachskügelchen, in deren Mitte Sie ein winziges grünes Wachskügelchen platzieren. Verteilen Sie jetzt die Blüten auf dem Kränzchen, und fügen Sie kleine Blättchen dazwischen. Die Konturen ritzen Sie mit der Nadel ein. Rollen Sie etwas grünes Wachs fein aus, und formen Sie hiermit eine kleine Schleife, die Sie unten auf das Kränzchen setzen. Die goldenen Ringe drücken Sie mittig in das Blütenkränzchen. Die Buchstaben formen Sie mit dem goldfarbenen Rundstreifen (2 mm ∅). Die untere Borte ist 1 cm breit, und darüber liegen zwei goldfarbene Rundstreifen (2 mm ∅).

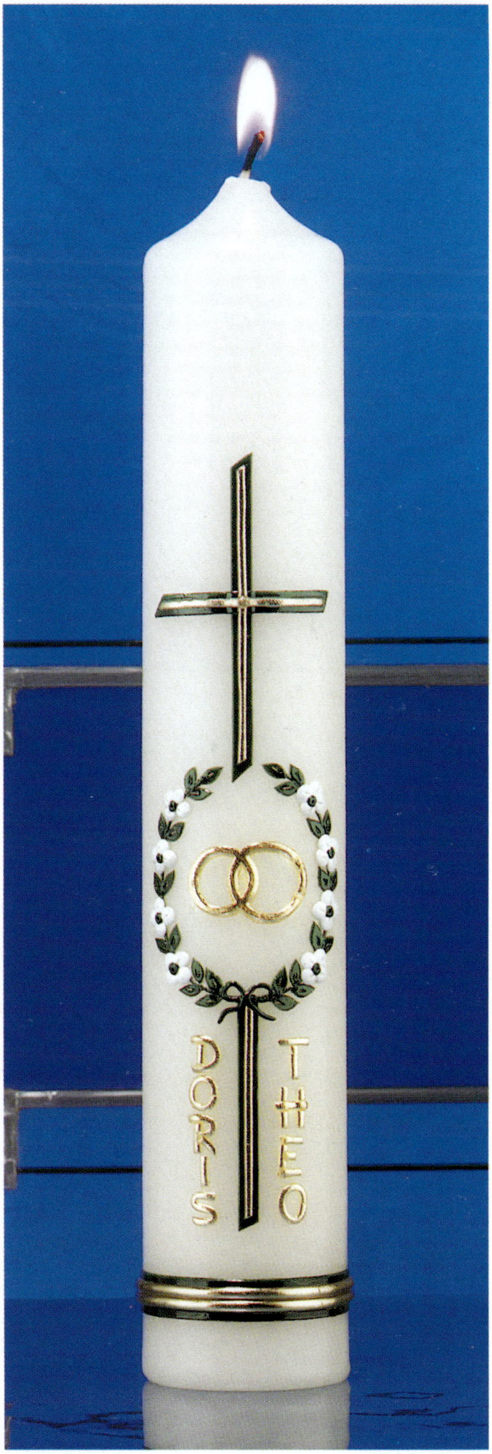

Kerzen zur Taufe

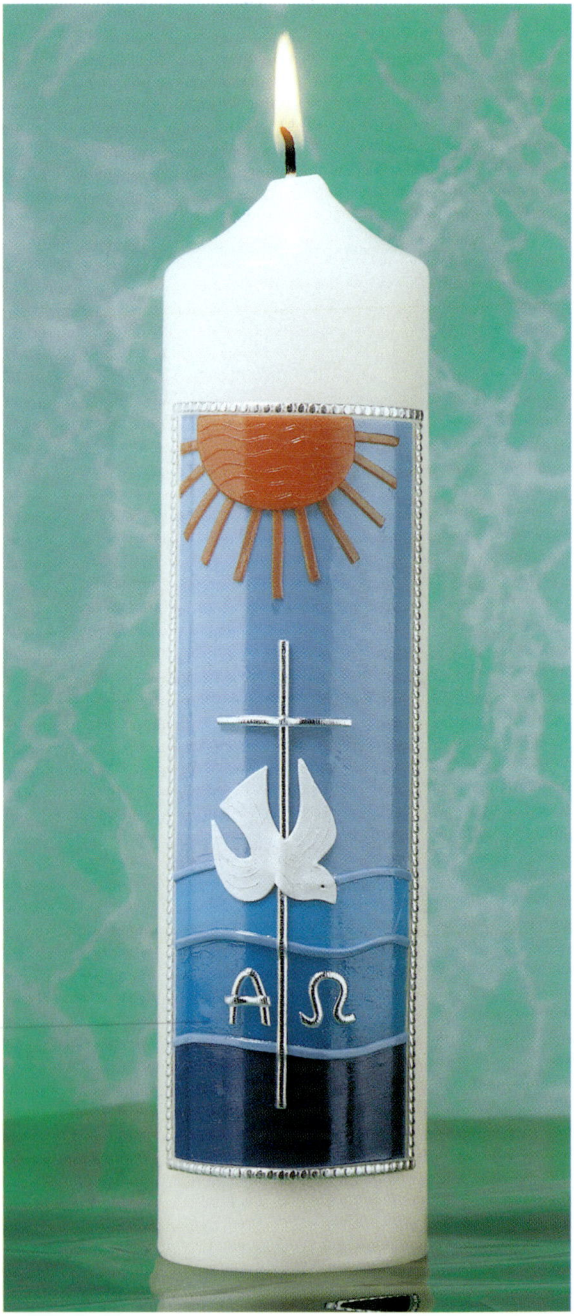

16. Wasser

Material

- Kerze, 6 cm ∅, 25 cm hoch
- Verzierwachs in Pastellblau, Hellblau, Mittelblau, Enzianblau, Weiß und Orange
- Perlwachsstreifen in Silber (3 mm ∅)
- Rundstreifen in Silber (2 mm ∅)

Anleitung

Fertigen Sie zuerst den Hintergrund an. Schneiden Sie die vier Teile aus den vier verschiedenen blauen Wachsplatten zu, und bringen Sie jedes Teil auf der Kerze an. Arbeiten Sie von unten nach oben. Betonen Sie die Konturen der Wellen mit schmalen Streifen der pastellblauen Wachsplatte. Die Sonne schneiden Sie aus der doppelt gelegten orangefarbenen Wachsplatte aus. Als Strahlen drücken Sie schmale Wachsstreifen auf. Das Kreuz bilden Sie mit dem Rundstreifen in Silber, formen Sie damit auch Alpha und Omega. Schneiden Sie die Taube aus, und setzen Sie sie auf die Kerze. Die weiße Taube wirkt plastischer, wenn Sie mit der Nadel Auge und Federn einritzen. Zum Schluss rahmen Sie das Motiv mit dem Perlwachsstreifen in Silber (3 mm ∅) ein.

17. Täubchen

Material
- Kerze, 6 cm Ø, 25 cm hoch
- Verzierwachs in Mittelblau, Gold und Weiß
- Perlwachsstreifen in Gold (2 mm Ø)
- Rundstreifen in Gold (3 mm Ø)

Anleitung
Bilden Sie zuerst das Kreuz mit dem goldfarbenen Rundstreifen (3 mm Ø). Der Längsbalken ist ca. 14 cm lang, der Querbalken ist 5 cm breit. Die Taube schneiden Sie zuerst aus der goldenen Wachsplatte aus und dann nochmals etwas kleiner aus der weißen Wachsplatte. Drücken Sie ein winziges goldfarbenes Wachskügelchen als Auge auf. Wenn Sie mit der Nadel die Federn einritzen, sieht die Taube noch plastischer aus. Den Perlwachsstreifen biegen Sie auf der Kerze zum Heiligenschein. Um das Wasser anzudeuten, drücken Sie zwei 5 mm breite blaue Wachsstreifen wellenförmig auf die Kerze und fügen einen Rundstreifen in Gold dazwischen. Den Namen des Täuflings können Sie mit der Schriftschablone ausschneiden, oder Sie formen die Buchstaben mit einem schmalen Wachsstreifen. Rahmen Sie den Namen mit goldfarbenen Rundstreifen ein.

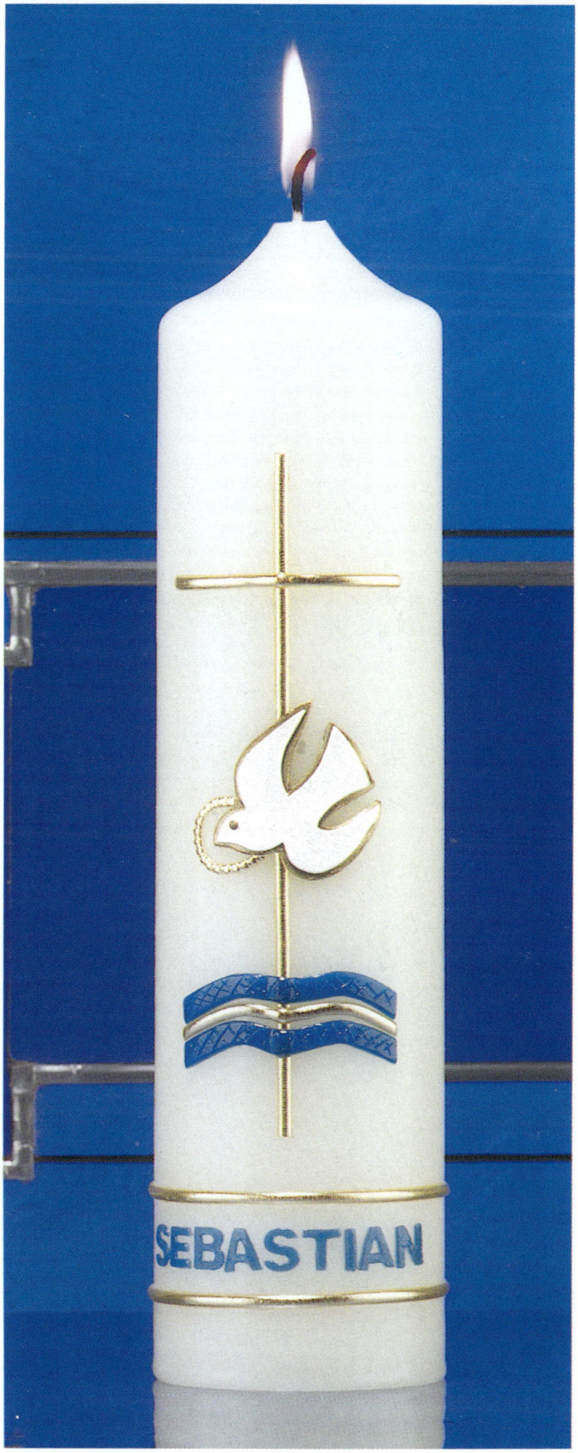

18. Zweig

Material

- Kerze, 6 cm Ø, 30 cm hoch
- Verzierwachs in Gold, Weiß und Laubgrün
- Perlwachsstreifen in Gold (2 mm Ø)

Anleitung

Bringen Sie das goldene Kreuz ca. 7 cm vom unteren Rand entfernt auf der Kerze an. Die größere Taube schneiden Sie aus der goldfarbenen Wachsplatte und die kleinere aus der weißen Wachsplatte zu und platzieren diese übereinander gelegt auf dem Kreuz.

Verzieren Sie jetzt das Kreuz mit Perlwachsstreifen (2 mm Ø). Für den Zweig rollen Sie grünes Wachs ganz fein aus. Fügen Sie kleine grüne Blättchen an. Winzige kleine weiße Wachskügelchen können Sie als Blüten dazwischen anbringen. Mit der Nadel ritzen Sie die Blattadern ein. Das Wasser bilden Sie mit Perlwachsstreifen, und auch die untere grüne Borte (1,5 cm breit) wird mit Perlwachsstreifen eingefasst. Die Schrift und die Jahreszahl schneiden Sie entweder mit Hilfe von Schablonen zu, oder Sie schneiden dünne Wachsstreifen in den entsprechenden Farben zu.

19. Blüten

Material

- Kerze, 4 cm ∅, 40 cm hoch
- Verzierwachs in Antikgold, Laubgrün, Weiß und Mittelbraun

Anleitung

Das Pax-Christi-Zeichen wird mit 2 mm breiten Streifen gebildet, die Sie von der goldfarbenen Wachsplatte abschneiden. Ebenso verfahren Sie mit dem Wasser. Die Blüten erfordern einige Fingerfertigkeit, aber die fertig gestellte Kerze wird Sie für Ihre Mühe belohnen. Am besten ist es, wenn Sie die Blüten auf Transparentpapier durchpausen. Legen Sie das Transparentpapier auf eine weiße Wachsplatte, und fahren Sie Blütenblatt für Blütenblatt mit dem Bleistift nach. Die Linien drücken sich leicht in das Wachs ein, und Sie können die Blüten nun mit einer Nadel ausritzen. Jede Blüte setzen Sie auf diese Weise aus fünf Blütenblättern zusammen.

Damit die Blüten zusammenhalten, habe ich ein kleines weißes Wachskügelchen plattgedrückt und als Mittelpunkt unter die Blüte gelegt. Fertigen Sie so drei kleine und zwei große Blüten an. Für die Blütenstempel rollen Sie mittelbraunes Wachs ganz fein aus und drücken winzige braune Wachskügelchen auf die Blüten.

Ordnen Sie die Blüten auf der grünen Ranke an (orientieren Sie sich dafür an der Abbildung), und fügen Sie schmale grüne Blättchen dazwischen.

Als Borte verwenden Sie einen 1 cm breiten grünen Wachsstreifen und einen schmalen goldenen Wachsstreifen von 2 mm Breite.

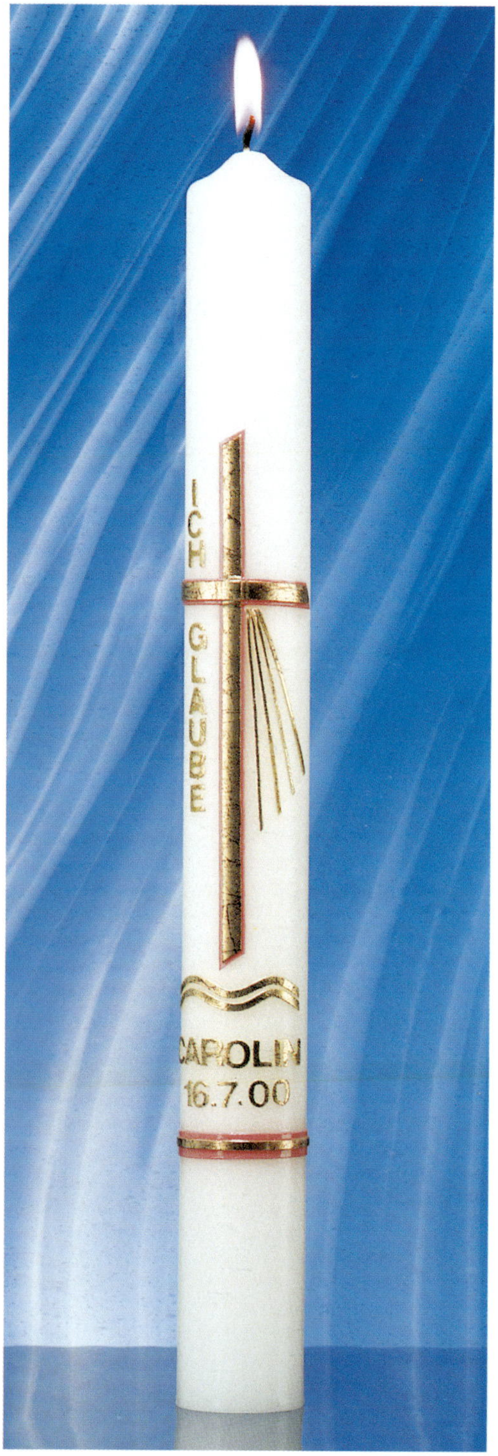

20. Namenskerze für Mädchen

Material

- Kerze, 4 cm ∅, 40 cm hoch
- Verzierwachs in Altrosa und Antikgold

Anleitung

Das Kreuz bilden Sie mit einem 8 mm breiten altrosafarbenen Wachsstreifen, über den Sie einen 5 mm breiten antikgoldenen Wachsstreifen legen. Für die Strahlen schneiden Sie ganz schmale Streifen von der Antikgold-Wachsplatte zu, für das Wasser verwenden Sie etwas breitere Streifen. Die Schrift schneiden Sie mit der Schriftschablone aus, oder Sie bilden die Buchstaben mit einem schmalen goldenen Wachsstreifen. Die untere rosafarbene Borte ist 8 mm breit, darüber liegt ein 3 mm breiter goldfarbener Wachsstreifen.

21. Namenskerze für Jungen

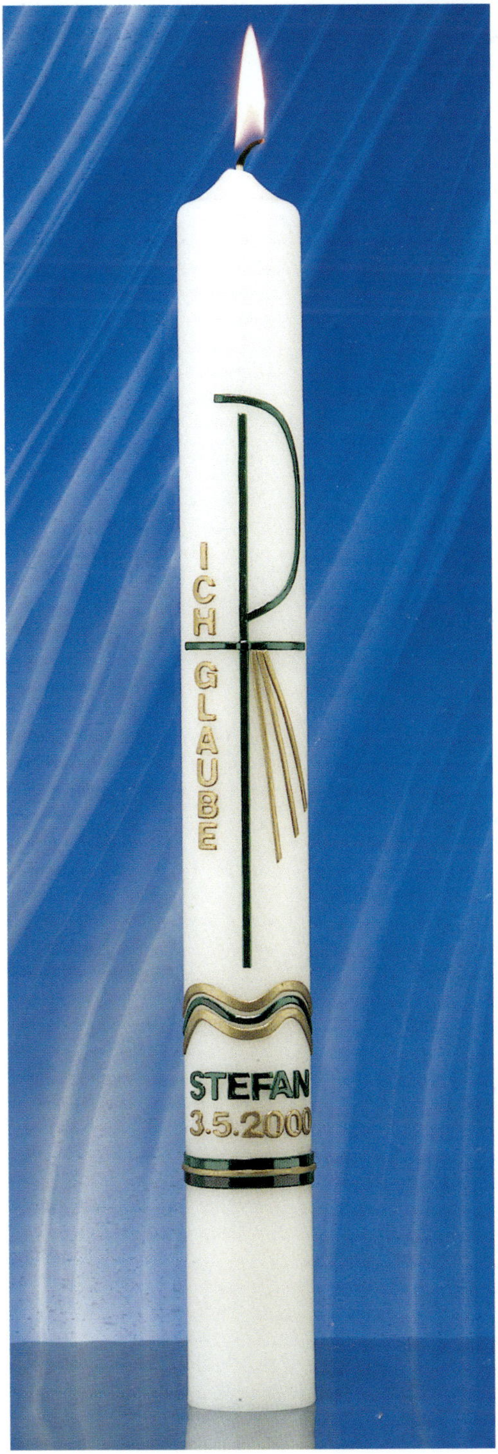

Material

- Kerze, 4 cm Ø, 40 cm hoch
- Verzierwachs in Tannengrün und Gold

Anleitung

Bilden Sie das Pax-Christi-Zeichen mit einem ca. 3 mm breiten grünen Wachsstreifen, und bringen Sie es ca. 6,5 cm vom oberen Kerzenrand entfernt an. Für die Strahlen schneiden Sie ca. 1 mm breite goldfarbene Wachsstreifen und für das Wasser 3 mm breite goldfarbene Wachsstreifen zu. Fügen Sie einen schmalen grünen Wachsstreifen zwischen die Wellen des Wassers. Die Schrift wird mit einer Schriftschablone ausgeschnitten, oder Sie bilden die Buchstaben und Zahlen mit einem schmalen Wachsstreifen in der jeweils gewünschten Farbe. Die untere grüne Borte ist 1 cm breit. Mittig darüber liegt ein schmaler goldfarbener Wachsstreifen.

Kerzen für Kirchenfeiern

22. Lamm (Ostern)

Material

- Kerze, 7 cm ∅, 30 cm hoch
- Verzierwachs in Hellrot, Gold, Weiß, Schwarz und Antikgold
- Perlwachsstreifen in Gold, 2 mm ∅

Anleitung

Zuerst schneiden Sie aus der goldfarbenen Wachsplatte einen Kreis von 6,5 cm ∅ aus und drücken diesen 11 cm vom unteren Kerzenrand entfernt auf die Kerze. Fügen Sie nun die roten Kreuzbalken an.

Das Lamm schneiden Sie aus der doppelt gelegten weißen Wachsplatte aus. Mit der Nadel ritzen Sie die Wolle ein. Den Kopf des Osterlammes unterlegen Sie mit dem Heiligenschein aus Antikgold.

Aus dünnen roten Wachsstreifen fertigen Sie die Strahlen. Die Fahne schneiden Sie aus doppelt gelegtem roten Wachs aus und legen goldfarbene Wachsstreifen darüber, für die Fahnenstange rollen Sie schwarzes Wachs fein aus. Umlegen Sie jetzt die goldfarbene Wachsplatte mit dem Perlwachsstreifen, wobei der Heiligenschein und die Fahne ausgespart werden. Die Kreuzbalken verzieren Sie ebenfalls mit Perlwachsstreifen.

Alpha und Omega schneiden Sie aus der goldfarbenen Wachsplatte aus und umlegen diese mit einem schmalen roten Wachsstreifen. Die Jahreszahl, wenn Sie diese unter das Motiv setzen möchten, schneiden Sie mit einer Schriftschablone aus oder formen diese mit schmalen Wachsstreifen.

2000

23. Licht (Ostern)

Material

- Kerze, 7 cm ∅, 25 cm hoch
- Verzierwachs in Rot, Orange, Antikgold und Gold

Anleitung

Bringen Sie das antikgoldene Kreuz 5 cm vom unteren Rand entfernt auf der Kerze an. Fassen Sie dann das Kreuz mit schmalen roten Wachsstreifen ein, und bringen Sie die roten Dreiecke an. Drücken Sie einen orangefarbenen Kreis (2,5 cm ∅) auf die Kreuzmitte, und setzen Sie darauf eine kleine rote Wachskugel, die mit einem schmalen antikgoldenen Streifen umrandet wird. Für die Strahlen schneiden Sie schmale Streifen von der goldfarbenen Wachsplatte zu und drücken diese auf die Kerze. Die Schrift formen Sie mit einem schmalen roten Wachsstreifen, Alpha und Omega mit einem breiteren roten Wachsstreifen.

24. Kreuz und Sonne (Ostern)

Material

- Kerze, 7 cm ∅, 22 cm hoch
- Verzierwachs in Gelbgrün, Dunkelbraun, Mittelbraun, Orange, Schwarz, Mais, Weiß, Hellblau, Dunkelblau und Gold

Anleitung

Drücken Sie zuerst die gelbgrüne Grundform ca. 2,5 cm vom unteren Kerzenrand entfernt auf. Das untere Motivteil schneiden Sie nochmal aus der dunkelbraunen Wachsplatte aus. Darüber legen Sie die hellblauen und dunkelblauen Streifen. Über das goldfarbene Kreuz legen Sie ein schmaleres Kreuz aus mittelbraunem Wachs. Vergessen Sie nicht, die Sonne unterzulegen. Das weiße Viereck, den orangefarbenen und den goldfarbenen Kreis platzieren Sie nacheinander in der Kreuzmitte.

Durch die vielen Wachslagen wirkt das Motiv sehr plastisch. Alpha und Omega und nach Wunsch die Jahreszahl formen Sie mit schmalen braunen Wachsstreifen. Zum Schluss rollen Sie aus schwarzem Wachs einen ganz dünnen Streifen aus, den Sie um das Motiv andrücken.

25. Erntedank

Material
- Kerze, 7 cm ∅, 25 cm hoch
- Verzierwachs in Gold, Laubgrün, Hellgrün, Gelb, Violett, Rot, Schwarz, Mais, Hellbraun, Dunkelbraun, Ocker und Dunkelblau
- Rundstreifen in Gold, 2 mm ∅

Anleitung

Schneiden Sie die Obstschale aus der goldfarbenen Wachsplatte aus. Der Fuß wird nochmals ausgeschnitten und aufgedrückt.

Bringen Sie die Obstschale ca. 4 cm vom unteren Rand entfernt auf der Kerze an, und umranden Sie diese mit einem Rundstreifen in Gold. Das Kreuz bringen Sie mittig über der Obstschale an und rauen es mit der Nadel auf.

Die Buchstaben schneiden Sie entweder mit Hilfe einer Schriftschablone zu, oder Sie formen diese mit Hilfe eines schmalen Wachsstreifens. Kneten Sie hellgrünes Wachs weich, und formen Sie daraus zwei kleine Birnen. Aus rotem Wachs formen Sie Äpfel. Verstreichen Sie nun mit dem Fingernagel etwas gelbes Wachs auf diesen Früchten. Blätter und Stiele bilden Sie mit Hilfe von kleinen Wachskügelchen. Aus violettem Wachs rollen Sie ungefähr neun kleine Pflaumen, die Sie mit der Nadel längs einritzen. Bereiten Sie zuerst das Obst vor, und verteilen Sie es dann auf der Obstschale. Einige grüne Blätter werden dazwischengefügt. Orientieren Sie sich dafür an der Abbildung. Für die Ähren rollen Sie hellbraunes Wachs fein aus. Die maisfarbenen länglichen Körner werden mit der Nadel längs eingekerbt und dann fixiert. In die Brote aus doppelt gelegtem ockerfarbenen Wachs drücken Sie mit der Nadel viele kleine Löcher ein. Für die Traube rollen Sie viele kleine blaue Wachskügelchen. Das Weinblatt schneiden Sie aus doppelt gelegtem grünen Wachs aus und ritzen mit der Nadel die Blattadern ein.

DANK
ERNTE

26. Sternsinger

Material
- Kerze, 8 cm ∅, 20 cm hoch
- Verzierwachs in Hell- und Dunkelblau, Hautfarbe, Gold, Schwarz, Braun, Rot, Laubgrün und Ocker
- Rundstreifen in Gold, 2 mm ∅

Anleitung
Bringen Sie zuerst den dunkelblauen Streifen ca. 1 cm vom unteren Kerzenrand entfernt an. Die Schrift formen Sie aus dem goldfarbenen Rundstreifen. Die Gewänder der Sternsinger schneiden Sie einmal aus der jeweiligen Farbe aus. Dann schneiden Sie die Arme nochmals aus und drücken diese auf. Hierdurch wirken die Sänger plastischer. Ärmel, Krägen und Rocksäume verzieren Sie mit schmalen goldfarbenen Wachsstreifen, die Sie mit der Nadel einkerben. Fügen Sie die Gesichter, Füße und Hände an, und achten Sie darauf, dass die rechte Hand des mittleren Sternsingers den Stab festhält. Für die Augen rollen Sie winzige Wachskügelchen, auch für die Augenbrauen, Münder und Nasen rollen Sie das Wachs fein aus. Der linke Sternsinger hat braune, der mittlere schwarze, und der rechte Sternsinger hat ockerfarbene Haare. Außerdem bekommt jeder Sänger eine andere Krone. Der Stern für den Stab wird zweimal ausgeschnitten und versetzt übereinander auf die Kerze gedrückt.

27. Heiligabend

Material

- Kerze, 9 cm Ø, 20 cm hoch
- Verzierwachs in Dunkelbraun, Gold, Weiß, Gelb, Schwarz, Laubgrün, Hellbraun, Hautfarbe und Rot
- Perlwachsstreifen in Gold, 2 mm Ø
- Plaka-Farbe in Gold

Anleitung

Für den Hintergrund wird etwas Plaka-Farbe mit dem Finger auf der Kerze verstrichen. Den Stall schneiden Sie aus der dunkelbraunen Wachsplatte aus und bringen ihn auf der Kerze an. Mit der Nadel können Sie die Holzmaserung einritzen. Das Dach schneiden Sie aus der weißen Wachsplatte aus und stechen mit der Nadel viele kleine Löcher ein. Der Stern von Bethlehem steht über dem Stall. Sie können noch einige kleinere Sterne hinzufügen. Josef schneiden Sie einmal ganz aus der grünen Wachsplatte aus, dann schneiden Sie den Arm nochmals aus und drücken ihn auf die Kerze. Unten fügen Sie die schwarzen Schuhe an und oben das Kopfteil, auf dem Sie das Gesicht fixieren. Auf der Krippe drücken Sie zuerst eine Lage Stroh an und darauf eine weiße Decke. Für den Kopf des Jesuskindes rollen Sie eine kleine hautfarbene Wachskugel. Den Heiligenschein formen Sie aus dem goldfarbenen Perlwachsstreifen. Maria schneiden Sie aus der roten Wachsplatte aus und legen den Arm ein zweites Mal darüber. Auf dem schwarzen Haarteil drücken Sie das Gesicht an.

Kirchliche Motive für das ganze Jahr

28. Kirchenfenster

Material

- Kerze, 6 cm ∅, 25 cm hoch
- Verzierwachs in Antikgold, Dunkelbraun und Laubgrün
- Perlwachsstreifen in Gold, 3 mm ∅

Anleitung

Schneiden Sie zuerst das Kirchenfenster aus der goldfarbenen Wachsplatte aus, und drücken Sie es 7,5 cm vom unteren Kerzenrand entfernt auf. Umranden Sie es mit einem schmalen braunen Wachsstreifen. Das Kreuz bilden Sie mit 6 mm breiten braunen Wachsstreifen, über die Sie Perlwachsstreifen legen. Für die Efeuranke rollen Sie laubgrünes Wachs fein aus. Ordnen Sie die aus der doppelt gelegten laubgrünen Wachsplatte geschnittenen Efeublätter beliebig an. Fügen Sie einige Stiele und Kringel dazwischen, damit die Ranke plastisch wirkt. Mit der Stopfnadel können Sie die Blattadern einritzen.

29. Haussegen

Material

- Kerze, 8 cm ∅, 25 cm hoch
- Verzierwachs in Braun und Antikgold
- Schriftschablone: 20 mm „Old English“ (Helix), erhältlich im Fachhandel
- Plaka-Farbe in Gold

Anleitung

Diese Kerze sieht besonders edel aus, wenn Sie die Schrift mit der angegebenen Schablone ausschneiden. Eine Alternative wäre, die Schrift mit einem schmalen braunen Wachsstreifen zu formen. Das Kreuz wird mit einem 8 mm breiten braunen Wachsstreifen gebildet, über den Sie einen 6 mm breiten goldfarbenen Wachsstreifen legen. Ebenso wird die untere Borte angefertigt (brauner Streifen 1,5 cm breit, goldfarbener Streifen 5 mm breit). Für die Ähren rollen Sie braune Wachskügelchen etwas länglich und kerben diese mit der Nadel längs ein. Rollen Sie für die Stiele braunes Wachs fein aus, und fügen Sie die braunen Körner zu einer Ähre zusammen. Verteilen Sie mit dem Finger etwas Plaka-Farbe auf Ähren, Stielen und Blättern.

30. Marienkerze

Material

- Kerze, 6 cm ∅, 25 cm hoch
- Verzierwachs in Enzianblau
- Rundstreifen in Gold, 2 mm ∅
- Wachsmodel „Maria mit Kind“
- Klebewachsplättchen
- Plaka-Farbe in Gold

Anleitung

Erwärmen Sie das Wachsmodel unter der Halogenlampe, damit es vorsichtig an die Rundung der Kerze angepasst werden kann. Wenn das Wachsmodel zu kalt ist, besteht beim Anpassen die Gefahr, dass es zerbricht. Verteilen Sie auf der Rückseite des Wachsmodels ein weichgeknetetes Klebewachsplättchen. Jetzt können Sie das Wachsmodel 11 cm vom unteren Kerzenrand entfernt auf die Kerze aufdrücken. Von der blauen Wachsplatte schneiden Sie zwei 9 mm breite Streifen ab und legen diese zu einem Oval um das Wachsmodel. Ritzen Sie mit der Nadel ein Muster ein, und verstreichen Sie etwas Plaka-Farbe in den Ritzen. Nun fassen Sie die blauen Streifen mit goldfarbenen Rundstreifen ein. Arbeiten Sie die Borte am unteren Kerzenrand genauso. Die Schrift formen Sie aus dem goldfarbenen Rundstreifen.

31. Mosaikkreuz

Material

- Kerze, 8 cm ∅, 20 cm hoch
- Verzierwachs in Dunkelgrün, Altrot, Enzianblau, Violett, Lila, Weiß, Gold und Antikgold

Anleitung

Platzieren Sie den Mittelpunkt ca. 10,5 cm vom unteren Kerzenrand entfernt. Über einem goldfarbenen Kreis drücken Sie einen weißen Kreis an. Die Buchstaben formen Sie mit einem schmalen goldfarbenen Wachsstreifen. Für die Kreuzbalken schneiden Sie von allen Wachsplatten verschieden schmale Streifen zu, und diese zerteilen Sie in unterschiedlich große Stücke. Jetzt können Sie das Kreuz wie auf der Abbildung mit den verschiedenfarbigen Wachsstreifen beliebig zusammensetzen. Das Prinzip entnehmen Sie dem Vorlagebogen. Arbeiten Sie in diesem Schema weiter, bis Sie ein Kreuz nach Ihrem Geschmack aus vielen kleinen Rechtecken zusammengesetzt haben. Aufgrund dieser Art der Gestaltung fällt die Kerze jedes Mal anders aus. Zum Schluss verteilen Sie einige Stückchen von der Antikgold-Wachsplatte auf dem Kreuz.

ISBN 3-8241-0922-0
Broschur, 48 S., Vorlageb.

ISBN 3-8241-0795-3
Broschur, 48 S., Vorlageb.

ISBN 3-8241-0767-8
Broschur, 32 S., Vorlageb.

ISBN 3-8241-0937-9
Broschur, 48 S., Vorlageb.

ISBN 3-8241-0952-2
Broschur, 64 Seiten

Lust auf Mehr?

Liebe Leserin, lieber Leser,
natürlich haben wir noch viele andere Bücher im Programm. Gerne senden wir Ihnen unser Gesamtverzeichnis zu. Auch auf Ihre Anregungen und Vorschläge sind wir gespannt. Rufen Sie uns einfach an oder schreiben Sie uns.

Englisch Verlag GmbH
Postfach 2309 · 65013 Wiesbaden
Telefon 06 11/9 42 72-0 · Telefax 06 11/9 42 72 30
E-Mail info@englisch-verlag.de
Internet http://www.englisch-verlag.de